LIDERAZGO
INSPIRACIONAL

JA PÉREZ

Liderazgo Inspiracional

*este manual es dedicado a todos los
líderes que laboran con nosotros
en nuestra querida América*

Contenido

Esta literatura

Esta serie intenta comunicar al alumnado, doce columnas básicas elementales, necesarias para establecer los fundamentos sólidos sobre los cuales reposa el liderazgo sano.

No son éstos los únicos principios o conceptos que regulan la formación de un líder, sin embargo, estas doce áreas cubiertas en el libro, establecerán una buena base sobre la cual edificar.

Misión de la *Escuela de Liderazgo Internacional*

Levantar, equipar y enviar líderes de estatura, probados y consagrados, con visión global —listos para sentarse a la mesa con aquellos que moldean culturas, influyen decisiones y diseñan las ideas que dirigen el curso de vida en sus respectivos países.

¿Cómo lo hacemos?

A éstos procuramos proporcionar principios culturalmente sensitivos en un contexto internacional y ésto en sesiones exclusivas —todo en un marco de tiempo que líderes realmente ocupados pueden manejar.

Impacto a largo plazo

Líderes se han de formar con una mentalidad de impacto a largo plazo. Asegurando que la experiencia adquirida por los mismos se transmita de manera exponencial, a medida que se comprometen a influir a otros líderes y comunidades.

1

Relevancia

Para que el liderazgo inspire a otros debe tener relevancia.

Relevancia = Calidad o condición de relevante, importancia, significación[1].

Relevante tiene su origen en el vocablo latino *relevans* que, a su vez, procede de *relevare* ("alzar", "levantar"). Se trata de algo significativo, importante, destacado o sobresaliente.

Adaptación cultural

> *En cualquier ciudad donde entréis, y os reciban, comed lo que os pongan delante...*
> *Lucas 10:8*

¿Qué estaba Jesús haciendo cuando entregó esta orden a los setenta?

Les estaba enseñando adaptación cultural.

Esta orden representa un concepto general y esto no se trata solamente de comida. La idea detrás de la frase se pudiera consolidar en un dicho muy antiguo: *"Cuando vayas a Roma, haz como los romanos"*.

Relevancia en Comunicación

> *Belleza de estilo, armonía, gracia y el*
> *buen ritmo dependen de simplicidad.*
> *-Platón*

El mensaje debe ser corto y preciso. La era de los sermones largos ha terminado.

Instrucciones específicas minimizan el margen de error

Uno de los problemas más graves que he notado que está sucediendo en la preparación de eventos en los últimos meses parece ser *"comunicación"*.

Y no es que no hablemos. Más bien parece ser que muchos amados muestran tener problema con *"seguir instrucciones"*.

Será ADD (Attention Deficit Disorder) o (síndrome de déficit de atención), o nuestra idiosincrasia latina de "más o menos" o "al rato lo hacemos" o "ahí se va" lo que ataca directamente al deseo de hacer las cosas con excelencia.

Y si es para Cristo, todos estamos de acuerdo en que *"debemos hacer lo mejor"* y hacerlo con *"excelencia"* ¿cierto?

> *Y todo lo que hagáis, hacedlo de corazón,*
> *como para el Señor y no para los hombres...*
> *Colosenses 3:23*

Bueno. No se pueden hacer las cosas con excelencia si no

se escucha bien cuales son las instrucciones y se siguen al pie de la letra. De no ser así, existirá *"espíritu de confusión y desorden"* y eso no es de Dios.

Dios es un Dios de orden (1 Corintios 14:40).

En este día exhorto, primero a nuestro equipo de trabajo, luego a todo el que quiere que laboremos juntos en la viña y a todo aquel que quiere hacer bien hechas las cosas que son para nuestro Dios. El Rey y Señor de toda la tierra.

Propongo tres precauciones a tomar cuando hacemos acuerdos o emprendemos la preparación de algo.

1- Seamos específicos. ¿Quién va a llegar? ¿A qué hora? ¿Por cuál línea aérea? ¿Quién está designado a esperarlo? ¿Quién va a cantar antes del mensaje? ¿Cuántos cantos va a cantar? ¿Quién es el ingeniero a cargo del sonido que pondrá la pista? ¿Dónde es la reunión? ¿Quién está a cargo del edificio? ¿Quién tienes las llaves y dónde se apagan las luces?

2- Pongamos todo por escrito. Nosotros tenemos la costumbre de enviar croquis para el diseño de plataforma, luces, sonido así como registros específicos para cada persona que va a participar, ya sea en seguridad, consejería, intercambios musicales, o cualquier otra persona trabajando en un evento. Si esos registros se llenan y siguen al pie de la letra, la administración sabrá quién está a cargo de qué. Así evitaremos tener 500 voluntarios corriendo de un lado para otro sin dirección.

Debemos escribir cada trato, cada dirección, cada arreglo, y aún en el día del evento donde los directores de cada área dán instrucciones verbales, éstas van basadas en un protocolo que ya está escrito.

3- Repítalo otra vez. Si no estamos seguros de algo, pida que se repita. Si no se entiende una palabra, pida un sinónimo. No tomemos nada por sentado si no estamos seguros de lo que se está diciendo.

Como líderes debemos ser específicos. Así evitaremos:

1. Malos entendidos.

2. Disgustos entre co-equiperos.

3. Sorpresas no gratas.

4. Atrasos en la producción de frutos.

Recuerde este principio principal de liderazgo.

2

Creatividad y Color

Siempre han existido personas prácticas. Gente estructurada, disciplinada, en los cuales pragmatismo es la regla y el estilo que rige sus vidas.

El orden que existe en éstos es tan efectivo que los mismos tienden a ser exitosos en la continuidad y permanencia de grandes empresas.

Es este orden, señal de madurez y el resultado de gran persistencia y arduo trabajo, y en realidad son estas cualidades las que permiten que alguien triunfe en cualquier obra, ya sea espiritual o empresarial.

Emprendedores son Soñadores

Con todo lo buenos que son la disciplina y el orden, ésto no garantiza que una persona pueda triunfar en determinada obra.

Aunque éstas cualidades son importantes e indispensables

para la continuidad y desarrollo de aquello que se ha comenzado; se necesita el espíritu emprendedor para comenzar dicha obra, y la realidad es que no se puede emprender algo si no se sueña primero.

Cuando hablo de soñar, no me refiero a la experiencia que sucede a todo ser humano cuando recuesta su cabeza en la almohada. De los sueños a los cuales me refiero es de aquellos que nacen de la imaginación.

Sí. Necesitamos personas con gran imaginación para diseñar la máquina que otros con disciplina y orden mantendrán funcionando.

Cosas que no se aprenden

Disciplina y orden es algo que se aprende. En realidad repetición no necesita mucha inteligencia.

Una persona que se levanta temprano y va a trabajar y hace lo mismo todos los días es alguien admirable, pero no necesariamente inteligente. Podemos aprender y acostumbrarnos a hacer cosas mecánicas que producirán grandes frutos y para esto no se necesita mucha imaginación.

Imaginación es algo que no se aprende. Ésto es algo que brota del alma. En realidad es un misterio, pero aún cuando no se pueda lógica o matemáticamente explicar; es *"imaginación"* el elemento indispensable para todo aquello que requiera un diseño, y la verdad es que todo lo que se vaya a emprender necesita un diseño.

Me admiro al ver los grandes rascacielos en diferentes ciudades del mundo. ¡Qué belleza de construcción! Algunos parecen estar tocando con los dedos al mismo cielo. Éstos demuestran la creatividad y el ingenio que Dios ha depositado en la mente del ser humano.

Lo más tremendo es que cada uno de esos proyectos comenzó en la imaginación de algún arquitecto.

Todo comienza en la imaginación

Ésto es algo poderoso.

Aún la creación, que es tan precisa; comenzó en la mente de Dios. Dios es un Dios de diseños.

Usted puede notar cuando Dios le dio a Moisés las instrucciones para hacer el tabernáculo, como hay gran atención en las medidas y los detalles.

Yo creo que la imaginación es un don. Es algo que Dios regala a unos. No se aprende. En la mayor parte de los casos, no se puede explicar.

Y es esa imaginación, el motor impulsor detrás de tu sueño.

Aquello que te emociona. Que a nadie más se le ha ocurrido. Que parece imposible de lograr. Que si se lo cuentas a alguien, dirá que estás divagando o padeces de repentina locura.

Aquello que alguien te dijo que no podías hacer. Donde las reglas convencionales no aplican. Ese es tu sueño. Esa es tu misión.

Atrévete a soñar.

15

Creatividad e imaginación

Recuerdo estando en el colegio años atrás, que la profesora nos instó a usar nuestra imaginación en un trabajo de composición creativa "creative writing". Ella dijo: *"Deben usar su imaginación, incluir elementos pintorescos, que traigan colorido al escrito".*

Es importante a la hora de realizar nuestro servicio a Dios, lo hagamos con la mayor creatividad. Nosotros los que somos llamados a presentar el mensaje de Cristo, debemos buscar moldes y maneras en que ese mensaje sea relevante a la generación o cultura que tenemos presente.

Es por eso que a la hora de formar un proyecto, ya sea evangelístico, de iglesia, o misiones, usemos todas las formas que tenemos a nuestra disposición, comenzando con el diseño de dicho proyecto.

Profetas danzando

> *Después de esto llegarás al collado de Dios donde está la guarnición de los filisteos; y cuando entres allá en la ciudad encontrarás una compañía de profetas que descienden del lugar alto, y delante de ellos salterio, pandero, flauta y arpa, y ellos profetizando.* 1 Samuel 10:5

Me cuesta trabajo a mi saber que estos profetas traían salterio, pandero, flauta y arpa y no hayan venido danzando.

La imagen que tengo de estos profetas al leer este pasaje es de profetas alegres, llenos de gozo, los cuales dentro de todo, éstos están profetizando. Ésto lo vemos más tarde en el verso once, cuando Saúl comenzó a profetizar entre ellos, cosa que produjo un dicho entre el pueblo: ¿Saúl también entre los profetas?

Es una representación gráfica y creativa la manera en que estos hombres comunicaban el mensaje.

Cuando usted estudia a los profetas, puede notar que estos poseían maneras muy creativas de entregar sus mensajes.

En ocasiones estos mensajes eran actuados o representados de una manera tan gráfica que los recipientes no tenían espacio para malinterpretarlos.

El mensaje era comunicado efectivamente.

Agabo

> *Y permaneciendo nosotros allí algunos días, descendió de Judea un profeta llamado Agabo, quien viniendo a vernos, tomó el cinto de Pablo, y atándose los pies y las manos, dijo: Esto dice el Espíritu Santo: Así atarán los judíos en Jerusalén al varón de quien es este cinto, y le entregarán en manos de los gentiles. Hechos 21:10,11*

Es tremendo ver la manera visible que el profeta usa para comunicar efectivamente el mensaje. Este tomó el cinto de Pablo y se ató los pies y las manos.

Existe un dicho muy antiguo que dice que *"una imagen habla más que mil palabras"*... vaya, aquí está en aplicación. Para explicar la manera en que el Apóstol habría de ser atado, Agabo se ató las manos y los pies.

Usted dirá: *"Bueno, en realidad esa fue una profecía y fue inspirada por el Espíritu Santo"*...

Claro, así es. Y ya hemos dicho que Dios es un Dios de diseños... ¿de dónde cree usted que vino la inspiración de atarse las manos y los pies?

Lo que salió de la boca de Agabo fue inspirado por Dios, y el despliegue de lo actuado también fue inspirado por Dios.

Debemos dejar que Dios nos inspire no solo lo que hablamos, también la manera en cuanto a cómo lo comunicamos.

Ezequiel

Varios eventos me vienen a la mente cuando recuerdo las drásticas maneras usadas por el profeta para entregar los mensajes que Dios le daba. Más aun. Me llama la atención cómo Dios mismo participa, no solo en el mensaje sino también en la forma que es entregado.

Y tú, hijo de hombre, tómate un cuchillo agudo, toma una navaja de barbero, y hazla pasar sobre tu cabeza y tu barba; toma después una balanza de pesar y divide los cabellos. Una tercera parte quemarás a fuego en medio de la ciudad, cuando se cumplan los días del asedio; y tomarás una tercera parte y la cortarás

18

con espada alrededor de la ciudad; y una tercera parte esparcirás al viento, y yo desenvainaré espada en pos de ellos.

Tomarás también de allí unos pocos en número, y los atarás en la falda de tu manto. Y tomarás otra vez de ellos, y los echarás en medio del fuego, y en el fuego los quemarás; de allí saldrá el fuego a toda la casa de Israel.

Así ha dicho Jehová el Señor: Esta es Jerusalén; la puse en medio de las naciones y de las tierras alrededor de ella. Y ella cambió mis decretos y mis ordenanzas en impiedad más que las naciones, y más que las tierras que están alrededor de ella; porque desecharon mis decretos y mis mandamientos, y no anduvieron en ellos.

Por tanto, así ha dicho Jehová: ¿Por haberos multiplicado más que las naciones que están alrededor de vosotros, no habéis andado en mis mandamientos, ni habéis guardado mis leyes? Ni aun según las leyes de las naciones que están alrededor de vosotros habéis andado. Así, pues, ha dicho Jehová el Señor: He aquí yo estoy contra ti; sí, yo, y haré juicios en medio de ti ante los ojos de las naciones. Ezequiel 5:1-8

Me atrevería a decir (y mi teología pudiera estar mal, ¡Que los teólogos me juzguen!) que existe algo artístico en la manera en que este mensaje ha sido entregado.

Toma gran imaginación para haber usado los cabellos del profeta para representar los juicios que habrían de venir sobre Jerusalén. Y... ¿de dónde viene esta imaginación?

Por supuesto, proviene del que le dio la palabra al profeta. El Dios del universo. Él es creativo... después de todo ¿de dónde proviene la creación?

De ahí que yo creo muy profundamente que creatividad debe estar envuelta en todo lo que hacemos. Especialmente *"en todo lo que hacemos para Dios"*.

3

Ritmo

Existen varios poetas que han influido mi manera de pensar, especialmente aquellos como José Martí[2], a cuyos versos fui sometido desde mi niñez.

En mis estudios superiores fui también expuesto a otro tanto. Algunos de los cuales, frases he usado en este libro y otros que aunque no comparto sus puntos de vista filosóficos, respeto su habilidad de coordinar ideas y el fluir de sus palabras.

Sin embargo, me interesa sobre todos éstos la manera poética en que un Santo Dios entrega el mensaje a su pueblo.

La Biblia nos presenta mucho texto en forma de poema.

Aunque estamos acostumbrados al ritmo de sonidos en nuestra poesía moderna, o sea, a ver la poesía impresa en forma de versos y estrofas; en la Biblia encontramos más a menudo poesía en la que riman las ideas más que los sonidos.

Alrededor del 40 por ciento del Antiguo Testamento es poesía.

La mayor parte de la poesía bíblica aparece en el Antiguo Testamento en fragmentos de los libros históricos, en pasajes entremezclados con las porciones en prosa de los profetas, y en seis libros que son poéticos en su totalidad o en gran parte.

Entre las materias principales de estudios de las antiguas escuelas de los profetas, la poesía y la música sagradas ocupaban una honrosa categoría.

En los libros históricos del Antiguo Testamento hay casos en que se emplea poesía para ilustrar el relato y para hacer vívida la narración.

Una de las características típicas de la literatura bíblica consiste en que aparecen lado a lado la narración en prosa y la celebración poética del suceso histórico.

Un ejemplo aparece después del relato del cruce del Mar Rojo por los hijos de Israel.

Aquí aparece la celebración lírica de la destrucción de los egipcios y la liberación de Israel, conocido como *"el cántico de Moisés y de María" (Ex 14, 15)*.

Otro ejemplo aparece a continuación de la narración en prosa de la derrota de Sísara, capitán de los ejércitos del rey cananeo Jabín, a manos de los israelitas comandados por Débora y Barac. Aquí vemos lo que se conoce como el canto de Débora y Barac (Jueces 4, 5).

En todos los libros del Pentateuco, excepto Levítico, existen pasajes poéticos.

Hay seis en Génesis

El canto de Lamec, 4: 23, 24

La maldición de Noé sobre Canaán y la bendición para, Jafet, 9: 25-27

La profecía de Dios a Rebeca, 25: 23

La bendición de Isaac, para Jacob, 27: 27-29

La bendición de Isaac para Esaú, 27: 39, 40

La bendición de Jacob para sus hijos, 49: 2-27

En Éxodo

Es el soberbio cántico de Moisés y María, 15: 1-18, 21

Números tiene los siguientes ejemplos

La bendición aarónica, 6: 24- 26

Fórmulas para levantar y asentar el arca, 10: 35, 36

El canto del valle, 21: 14, 15

El canto del pozo, 21: 17, 18

La caída de hesbón, 21: 27-30

Los oráculos de balaam, 23: 7-10, 18-24; 24: 3-9, 15-24

Deuteronomio presenta

Las maldiciones, 27: 15-26

El canto de moisés, 32: 1-43 y

la bendición de moisés para las doce tribus, 33: 2-29

Josue

La orden de Josué al sol y a la luna, 10: 12, 13

Jueces

Tiene el canto de Débora y Barac, 5: 1-31 y los enigmas de Sansón, 14: 14, 18; 15: 16.

Rut

Incluye el pacto de Rut con Noemí, 1: 16, 17,

1 Samuel

Tiene el agradecimiento de Ana, 2: 1-10 y trozos de canciones populares para alabar a David, 18: 7; 21: 11.

2 Samuel

Tiene el lamento de David 1: 19-27; la elegía de David por la muerte de Abner, 3: 33, 34, el canto de victoria de David, 22: 2-51 (ver. Sal. 18); y las últimas palabras de David, 23: 1-7.

En 1 Crónicas

Aparece el cántico de David para la instalación de arca, 16: 8-36.

En 2 Crónicas

Hay coros poéticos en 5: 13; 6: 1, 2; 7: 3; 20: 21; y la parte final de la oración de Salomón, 6: 41, 42.

Mensajes poéticos en los profetas

Los libros proféticos del Antiguo Testamento presentan una contribución única en su género a la literatura universal con su fusión de prosa y poesía en secuencia continua. En estos libros están entremezclados la historia profética, el discurso oratorio y la celebración poética.

El profeta escribe las palabras de profecía divina; habla con vibrantes períodos y frases equilibradas de la oratoria sublime, reprendiendo, suplicando, amonestando y consolando a su pueblo extraviado, además entreteje en la obra literaria inspirada, melodías de poesías líricas.

Estas formas son totalmente desconocidas en otras literaturas del mundo.

Profetas mayores

Los primeros 39 capítulos de Isaías están formados por pasajes entremezclados de prosa y poesía; pero los capítulos 40-66 de este libro profético son casi exclusivamente poesías.

Los capítulos 1-31 y 46-51 de Jeremías presentan una combinación de prosa y poesía.

Hay unos pocos casos de poesías en Ezequiel y Daniel.

Profetas menores

La mayoría de los profetas conocidos como menores también contienen gran elocuencia y ésta es notable en las expresiones, excelsas cadencias de la poesía lírica.

25

En los libros poéticos

Cinco libros del Antiguo Testamento pueden ser considerados como poéticos pues están formados, total o principalmente, por literatura en forma de verso.

Salmos, Proverbios, Lamentaciones, Cantar de los Cantares y Job.

Salmos, Lamentaciones y Cantar de los Cantares son solamente poesías.

Job es mayormente poesías, sólo su prólogo y su epílogo están en prosa.

Proverbios es filosofía práctica en forma de poesía.

Eclesiastés tiene una porción considerable de hermosa poesía.

Salmos

Los salmos son la quintaesencia de la poesía lírica. En la profundidad de su sentimiento y excelsitud de sus propósitos, en su revelación completa de los pensamientos e interrogantes íntimos del espíritu humano, en la hermosura y delicadeza, y a veces vigor y majestad de su expresión, no tienen rival en las expresiones más excelsas de la poesía lírica secular. Porque ¿cuál otra poesía puede elevarse a las cumbres que la poesía cuyo tema es el alma del ser humano en busca del Dios eterno?

Así como lo espiritual y eterno trasciende lo natural y efímero, también la poesía de los Salmos sobrepuja aún los mayores tesoros líricos del mundo.

Proverbios

La forma literaria característica de los Proverbios es el mashal, o unidad proverbial, un simple dístico de dos líneas paralelas que expresan con muchísima concisión una verdad axiomática y evidente por sí misma.

La forma que prevalece es la del paralelismo antitético o contrastante. Por ejemplo:

> *En las muchas palabras no falta pecado;*
> *Mas el que refrena sus labios es prudente*
> *Prov 10: 19*

Pero hay también numerosos casos de paralelismo sinónimo, como éste:

"El corazón del entendido adquiere sabiduría; Y el oído de los sabios busca la ciencia" (Prov. 18: 15) y de paralelismo sintético:

> *Escucha el consejo, y recibe la corrección,*
> *Para que seas sabio en tu vejez...*
> *Prov 19: 20*

Esta unidad proverbial es el molde literario empleado en toda la temática de los caps. 10: 22 a 16: 33; y también se halla en forma irregular a lo largo de todo el libro.

A menudo la sabiduría de Proverbios toma la forma de monólogos (1: 20-33; 7: 1 a 8: 36), de pequeños poemas (4: 10-19; 9: 1-18; 24: 30-34), de epigramas (23: 19-2 1, 26-28, 29-35), y un soberbio poema acróstico o alfabético con que termina el libro: el poema acerca de la mujer virtuosa (31: 10-31). Este consta de 22 versos, y cada verso comienza con una letra del alfabeto hebreo en su orden regular.

Así, en una variedad de formas, los Proverbios alcanzan su propósito: inspirar reverencia para con Dios, exaltar la sabiduría e instruir en las virtudes prácticas.

Lamentaciones

En hebreo el libro de Lamentaciones exhibe una estructura poética particular: su métrica es la del ritmo de qinah, y su forma general es acróstica o alfabética. En el ritmo de qinah cada línea tiene cinco tiempos, tres en la primera mitad y dos en la segunda, con lo que produce el efecto de un largo crescendo seguido por un decrescendo más corto, como si el dolor se elevase a su altura y luego se desvaneciera más rápidamente.

Cantar de los Cantares

El Cantar de los Cantares es el único libro de la Biblia que consiste exclusivamente en poesía escrita en forma de diálogo. Es un hermoso ejemplo de un poema idílico oriental. Las gráficas imágenes que se presentan en rápida sucesión a lo largo del libro son características de este tipo de poesía. Es difícil que la mente occidental comprenda y aprecie la franqueza de estas imágenes. El advertir la naturaleza figurada del lenguaje de este tipo de poesía ayudará a comprender el mensaje del libro.

Job

Sin duda la producción más artística del genio literario hebreo es el libro de Job.

El tema de Job es el problema antiquísimo del sufrimiento humano. En sin mundo creado y sostenido por un Dios justo y bondadoso, ¿por qué debe sufrir un hombre bueno? En una narración de dimensiones épicas, un dramático diálogo intenta resolver el problema.

El libro de Job es notable por la elevación de su tema y por sus alcances, por la hermosura y variedad de sus descripciones de la naturaleza y lo abarcante de sus efectos escénicos en la tierra y el cielo, y porque reconoce la presencia de Dios en la experiencia humana y penetra profundamente en la naturaleza de la redención y la realidad de un Redentor.

Eclesiastés

El libro de Eclesiastés, o El Predicador, es obra de Salomón, "el mayor, el más rico y el más sabio de los reyes" lo escribió a fines de su vida cuando, después de haber malgastado años en procurar la satisfacción de los placeres de este mundo, comprendió la impiedad de su camino y se volvió a Dios.

Aunque la mayor parte del contenido de Eclesiastés está en prosa, hay magníficos pasajes poéticos en todo el libro, que culminan con el poema "Acuérdate de tu Creador" (12: 1-8), que es un ejemplo extenso del uso de figuras de dicción común en el Cercano Oriente.

4

Individualidad y Uniformidad

Es increíble la diversidad de operaciones que el Espíritu Santo está levantando en ministerios que están afectando naciones.

Ahora bien, hay diversidad de dones, pero el Espíritu es el mismo. Y hay diversidad de ministerios, pero el Señor es el mismo. Y hay diversidad de operaciones, pero Dios, que hace todas las cosas en todos, es el mismo. 1 Corintios 12:4-6

Mi amigo Scott Free[3] es un artista de Hip Hop (una subcultura desarrollada en Estados Unidos en los últimos años). Scott usa ritmos, y diferentes géneros musicales para alcanzar jóvenes metidos en todas las perdiciones y desviaciones que existen en dicha cultura, especialmente en áreas urbanas.

Su ministerio es un ejemplo de cómo Dios usa modelos poco comunes para alcanzar un sector específico de la sociedad con el mensaje de salvación.

Mi amigo Tom Miyashiro[4] *"Tom the bomb"* tiene un ministerio evangelístico dedicado a alcanzar jóvenes dentro de las escuelas. Dios le ha dado la habilidad de penetrar centros educativos con el evangelio y jóvenes vienen a los pies de Cristo en sus alcances.

Mi amigo Jason Schwinabart[5] tiene la habilidad de hacer cosas en una bicicleta que pocas personas pueden hacer. El hace presentaciones para jóvenes en escuelas o lugares públicos trabajando en coordinación con otros ministerios. Los jóvenes son atraídos por las bicicletas y él les da Cristo.

En Venezuela conocí un ministerio de taxis[6]. Estos jóvenes invaden los taxis de una ciudad, y en cuestión de minutos entre una parada y otra, ellos presentan el evangelio y muchos son ganados para Cristo en los taxis.

En Costa Rica conocí una compañía de teatro que transmite el mensaje de Jesucristo por medio de sofisticadas coreografías[7]. Me tocó en un evento verlos antes de que me tocara ministrar. Estos vinieron vestidos de trabajadores de tránsito con cascos color naranja en sus cabezas. Su presentación impactó tan tremendamente a las vidas que estaban presentes que cuando nos tocó ministrar a los que traíamos la palabra, ya muchos habían sido quebrantados por el poder de Dios. Es fácil comunicar el mensaje de salvación después que estos muchachos han preparado el corazón de tanta gente.

Como escribí antes, acá en el ministerio hemos tenido que desarrollar y transformar nuestros moldes.

En nuestros eventos en estadios y plazas de toros hemos

integrado dramas, mimos, payasos, presentaciones culturales y otras formas para alcanzar a muchos.

De hecho. La estructura de todo lo que hacemos ha sido revisada y ajustada; y como escribí anteriormente, este proceso ha sido una transición casi inconsciente.

Es Dios quien está ajustando los moldes.

Creatividad es un elemento principal en todo lo que hacemos.

5

Simplicidad

Mantener las cosas simples, es en realidad un arte. El maestro que trata de impresionar a sus alumnos con conceptos complicados y palabrería técnica, suele perderlos antes de consumar su primera lección.

"belleza de estilo, armonía, gracia y buen ritmo dependen de simplicidad" –Platón

Puede ser un reto simplificar las cosas, sin embargo es necesario que como maestros aprendamos el arte de simplificar las cosas.

He aprendido esto con los años, y después de tener algunas malas experiencias. En el pasado me sucedió (más de una vez) que traté de darle toda la información a los estudiantes (creyendo yo que toda esa información era importante) y en el proceso no fui muy favorecido por el reloj.

No solo que la clase se hizo larga y complicada, también los estudiantes perdieron el sabor de la lección en el proceso. Y esto sería bueno si por lo menos estos habrían podido entender de qué se trataba la clase.

La cuestión es que aun si todo el material que tenemos que compartir es importante, debemos sacar lo más importante de lo importante (valga la redundancia).

Sí.

Debemos ser expertos en tomar todo lo que es importante y de ahí sacar lo imprescindible.

La idea es esta:

Por tan importante que sea todo lo que tenemos para entregar...

1. La restricción del tiempo hará que no podamos entregarlo todo.

2. La mente común está limitada por la cantidad de información que puede procesar.

3. La mucha información produce cansancio.

4. La mente solo asimila cosas en intervalos.

Explicando este último punto.

Las investigaciones sobre este tema indican que en circunstancias normales, no se puede fijar la atención más de veinte minutos, además, del hecho de que de todo lo que se percibe y experimenta, sólo se puede recordar conscientemente alrededor de un veinte por ciento[8].

De ahí que los que enseñamos o predicamos, ya sea

desde púlpitos o en cuartos de clases en distintos niveles de educación, debemos buscar la manera de mantener a la audiencia envuelta en el proceso de la enseñanza.

Ideas que nos pueden ayudar a simplificar información y retener la atención de los oyentes durante la presentación:

• Respetar los descansos y no prolongar las exposiciones más del tiempo prudente recomendado.

• Matizar las clases con ejemplos relacionados con la actualidad.

• Incentivar a los alumnos u oyentes a realizar preguntas o hacerles preguntas relacionadas con lo que estás enseñando.

• Incluir diseños, gráficos o bien imágenes, diapositivas o videos, ya que la percepción gráfica ayuda a prestar atención y a registrar en la memoria mucho más que un extenso y aburrido monólogo.

• Hablar con matices y no en forma monótona, repitiendo y poniendo énfasis en lo que es esencial.

• Aprender a ser elocuente, que significa adquirir la capacidad de mantener el interés del público mediante una forma de hablar que deleite, convenza, impresione y conmueva y que además logre despertar la curiosidad del que escucha.

También existen técnicas para que el oyente pueda prestar más atención, cuando la disertación se convierte en algo monótono que hace que la mente divague:

- Tomar apuntes de los conceptos esenciales, ya que esta tarea exige realizar una operación más compleja que la atención, como es la abstracción. De esta manera la persona puede mantenerse alerta, favorecer el registro de los contenidos o evitar ser invadida por sus propios pensamientos.

- Participar haciendo preguntas sobre lo que no se entiende y además sirve para aclarar las dudas.

- Involucrarse en los temas que se están tratando y tomar una posición, adoptando una actitud crítica e intentando ver otros aspectos que no se han tenido en cuenta, o que se ignoran, para poder sostener determinadas formas de pensar.

- Comprometiéndose, porque si no hay compromiso, disminuye el interés, la motivación y es imposible prestar atención.

Por supuesto, no todo es técnico. No podemos ser robots y siempre seguir una lista mecánica para simplificar las cosas ya que cada persona posee sus propios dones.

De hecho, la lista anterior aplica más a maestros en instituciones donde la enseñanza está muy estructurada. Donde el maestro recibirá un grueso libro al principio del semestre y una cantidad limitada de horas para exponerlo.

Algunos de nosotros que nos movemos más por inspiración y que durante la predicación tomamos direcciones repentinas guiados por la unción del momento, creo que es muy productivo que mantengamos siempre presente cuatro cosas.

1. Simplificar la entrega a los menos puntos posibles (el antiguo mensaje de tres puntos todavía funciona, y por alguna razón tantos grandes predicadores del pasado usaron ese estilo).

2. Usar ejemplos gráficos. Si no son dibujados o proyectados en forma de fotos o videos, que sean ilustraciones vívidas y descriptivas.

3. Mantenerlo real. Usemos historias de la vida real (cosas que nos han acontecido personalmente). Recuerde que personas conectan con personas.

4. Excluye todo lo que no es indispensable. Los predicadores tenemos la tendencia de poner mucha grosura en el plato. Como en los sacrificios antiguos, debemos quemar las grosuras. Hay cosas que no son necesarias en el mensaje.

Siguiendo la célebre frase de Platón.

Belleza de estilo: El don da estilo propio, aun así, Pablo nos enseña a "adornar la doctrina". Diseñe el paquete en el cual el mensaje viene envuelto.

Armonía: Como una orquesta, todas las ideas deben ir en un acorde. Mantengámonos dentro del tema.

Gracia: Entreguemos el mensaje con buen humor. Dios no está enojado. Jesucristo ya llevó sobre él mismo la ira de Dios. Predique en amor. No regañando. La exhortación no es regaño.

Buen ritmo: Las ideas deben ir entrelazadas, con continuidad. Debe existir un fluir de principio a fin de la entrega.

Todo depende de simplicidad.

Entreguemos el mensaje de manera sencilla, para que la abundancia de información no sea un tropiezo. Para que todos puedan entender y así sean edificados.

Notas:

1- Relevancia = Calidad o condición de relevante, importancia, significación. Merriam-Webster Dictionary © 2015 Merriam-Webster, Incorporated.

2- José Martí - José Julián Martí Pérez (La Habana, Cuba, 28 de enero de 1853 – Dos Ríos, Cuba, 19 de mayo de 1895) fue un político liberal, pensador, periodista, filósofo y poeta cubano, creador del Partido Revolucionario Cubano y organizador de la Guerra del 95 o Guerra Necesaria. Perteneció al movimiento literario del modernismo. En el campo de la poesía sus obras más conocidas son Ismaelillo (1882), Versos sencillos (1891),Versos libres y Flores del destierro. Sus ensayos más populares son El presidio político en Cuba (1871) y Nuestra América (1891). Se incluye entre sus obras "La edad de oro. Publicación mensual de recreo e instrucción dedicada a los niños de América" de la cual fue redactor (Julio 1889). http://es.wikipedia.org/wiki/ José_Martí

3- Scott Free es el fundador de Freestyle Missions y su impacto en la cultura urbana a jóvenes entre las edades de 16 a 30 es una fuente de dirección, esperanza y propósito en la vida de estos. http://www.freestylemissions.com

4- Tom Miyashiro es el autor del libro: Schizophrenic y evangelista asociado a Luis Palau. Su alcance transforma las vidas de jóvenes en planteles educativos y formas innovativas de evangelismo Biografía http://www.f2fmi.org

5- Jason Schwinabart es un atleta que usa su bicicleta en eventos de deportes extremos para atraer a la juventud y hablarles del amor de Jesucristo. Su manera creativa de usar el deporte para anunciar a Cristo es una herramienta poderosa para el evangelismo de este siglo. Biografía http://www.schwinnysworld.blogspot.com

6- Alcance en que jóvenes invaden los Taxis de la ciudad y simultáneamente predican de Jesucristo a los pasajeros en mensajes cortos. El impacto ha traído crecimiento a la iglesia de la ciudad. Cagua, Venezuela

7- Compañía de Danza Expressart, Santo Domingo, Costa Rica. Por medio de sus coreografías comunican el mensaje de Jesucristo http://www.myspace.com/expresart

8- "Tratado de Psiquiatría", Henry Ey, P. Bernard y Ch. Brisset.

Plan de Trabajo

Medite en lo leído y use los espacios debajo para completar su tarea.

Si usted ha usado la versión digital de este material y lo ha tomado como curso, puede someter las respuestas electrónicamente para calificación a la siguiente dirección:

eli@japerez.com

Incluya en su correspondencia:

1- Título de este manual

2- Su nombre y apellidos completos

Alternativamente lo puede enviar por correo tradicional a:

Escuela de Liderazgo Internacional

P.O. Box 211325

Chula Vista, CA 91921 U.S.A.

Explique el concepto de adaptación cultural.

¿Qué evitaremos cuando somos *específicos* al comunicarnos?

Imaginación es el motor impulsor detrás de _____.
Explíquelo.

¿Qué significa tener *ritmo* en las ideas?

¿Por qué es necesario *simplificar*?

Principios aprendidos en este manual:

_____

_____

_____

_____

_____

_____

_____

_____

Textos o frases a memorizar:

_____

_____

_____

_____

_____

_____

_____

_____

_____

_____

_____

Ajustes que debo hacer a mi manera de pensar:

_____

_____

_____

_____

_____

_____

_____

_____

_____

Otras notas:

_____

_____

_____

_____

_____

_____

_____

_____

_____

_____

_____

_____

Formando líderes con mente de reino

Con más de treinta y cinco años de ministerio, y una reconocida trayectoria internacional, que incluye estrechas relaciones con economistas, dignatarios y aquellos que moldean las culturas presentes en las naciones, el autor ha mostrado ser una autoridad en la materia de formar líderes.

Escritor, humanitario, moldeador de culturas y precursor de movimientos de cosecha en América Latina. Su mensaje atraviesa generaciones, culturas y naciones. Ha escrito varios libros y asiste a intelectuales, así como a iletrados, en la adquisición de destrezas esenciales y soluciones pragmáticas para comunicar esperanza con valentía en entornos complejos, y a veces hostiles.

Sus concentraciones masivas y misiones humanitarias han atraído grandes multitudes durante años guiando a miles a una relación personal con Jesucristo.

Él, su esposa y sus tres hijos, viven en un suburbio de San Diego en California, desde donde se coordinan todos los eventos de la asociación que lleva su nombre.

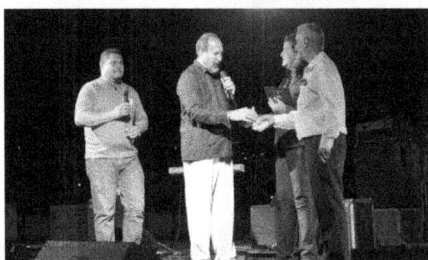

Trabajo de JA Pérez con líderes de Latinoamérica
Cuando una ciudad o provincia es impactada, con
frecuencia gobernantes y líderes nacionales —senadores
y congresistas— asisten al evento y reconocen el
movimiento, pero los frutos mayores del proyecto
completo son las miles de vidas que son transformadas
por el poder del evangelio. Ese es el principal propósito
de todo — comunicar las buenas noticias de Cristo.

Líderes con visión global
Los líderes que equipamos
en las Américas, son quienes
sostienen y dan seguimiento
a movimientos de cosecha
cada vez que concluye un
proyecto a nivel ciudad. Ya
equipados para comunicar
el evangelio de una manera
relevante y culturalmente
sensitiva, estos corren con la
comisión de hacer discípulos
en cada generación y grupo
étnico en todas las esquinas
del continente.

Otros libros por JA Pérez

JA Pérez ha escrito más de 50 libros y manuales de entrenamiento. Todos sus libros están disponibles en Amazon.com así como en librerías y tiendas mundialmente. Libros con temas para la familia, empresa, liderazgo, economía, profecía bíblica, devocionales, inspiracionales, evangelismo y teología.

Serie Líderes

Esta serie está compuesta por doce manuales, con ejercicios y espacios para notas y tareas, de manera que el alumnado pueda recordar y poner en práctica cada uno de los principios aprendidos.

Los principios comprendidos en estos doce manuales también se encuentran en el libro *12 Fundamentos de Liderazgo* para ser usado en lectura regular.

LIDERAZGO
IRREVOCABLE
JA PÉREZ

LIDERAZGO
INTELIGENTE
JA PÉREZ

LIDERAZGO
y CONSORCIOS
JA PÉREZ

LIDERAZGO
y GOBIERNOS
JA PÉREZ

LIDERAZGO
PRODUCTIVO
JA PÉREZ

LIDERAZGO
y CAPITAL INFLUYENTE
JA PÉREZ

LIDERAZGO
INSPIRACIONAL
JA PÉREZ

LIDERAZGO
TRANSPARENTE
JA PÉREZ

LIDERAZGO
y SISTEMAS
JA PÉREZ

LIDERAZGO
y DESARROLLOS
JA PÉREZ

LIDERAZGO
INVISIBLE
JA PÉREZ

LIDERAZGO
y LEGADO
JA PÉREZ

Series Conferencias

Discipulado para Nuevos Creyentes y Estudios de Grupos

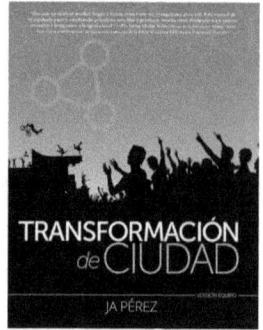

Liderazgo, Gobierno y Diplomacia

Inspiración y Creatividad en Liderazgo

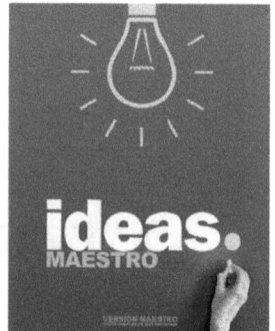

Temas Varios

Crecimiento Espiritual, Principios de Vida y Relaciones — Recientes

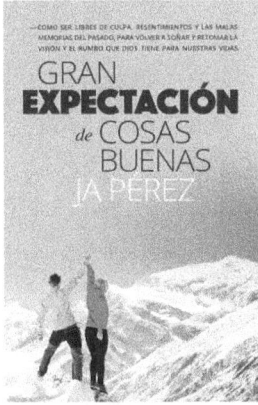

GRAN **EXPECTACIÓN** de COSAS BUENAS
JA PÉREZ

FELIZ
JA PÉREZ
LIBRO INTERACTIVO

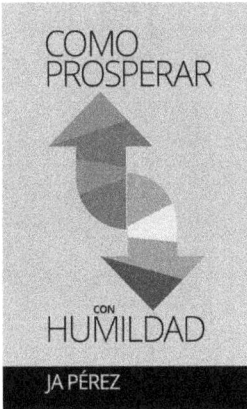

COMO PROSPERAR CON HUMILDAD
JA PÉREZ

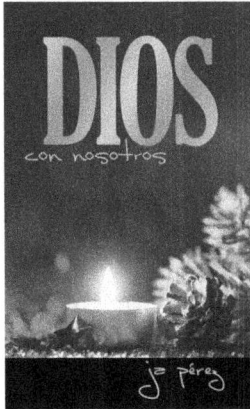

DIOS con nosotros
ja pérez

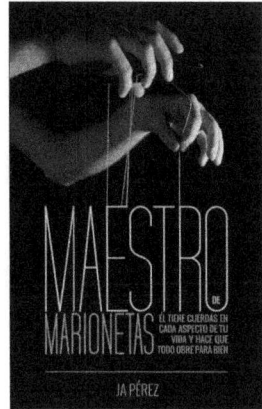

MAESTRO DE MARIONETAS
ÉL TIENE CUERDAS EN CADA ASPECTO DE TU VIDA Y HACE QUE TODO OBRE PARA BIEN
JA PÉREZ

Profecía Bíblica

40 PROFECÍAS CUMPLIDAS
J.A.PÉREZ

EL FIN
ESTADO PROFÉTICO DE LAS NACIONES
J.A. PÉREZ

Teología

GRACIA SOBERANA
SU SACRIFICIO fue SUFICIENTE
JA PÉREZ

Evangelismo y Colaboración

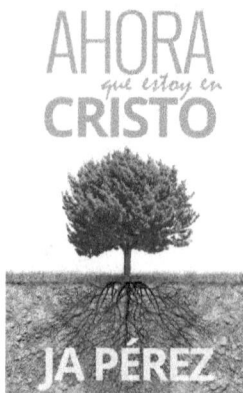

AHORA
que estoy en
CRISTO

JA PÉREZ

COMO
COMPARTIR
LAS
BUENAS
NOTICIAS

JA PÉREZ

Cosecha
la liberación física

EVANGELISMO
EFECTIVO

JORGE ARMANDO PÉREZ VENÂNCIO

JA PÉREZ

JUNTOS
XEL
CONTINENTE

JA PÉREZ

JUNTOS
XEL
CONTINENTE
VERSIÓN:PASTORES

JA PÉREZ

Festivales y
Concentraciones

Juntos En la Jornada

Festivales y
Concentraciones

Juntos En la Cosecha

JUNTOS

Festivales y
Concentraciones

Juntos Concejo
Internacional

Devocionales

Ficción, Historietas

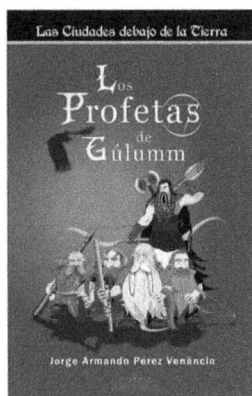

Crecimiento Espiritual, Principios de Vida y Relaciones — Clásicos

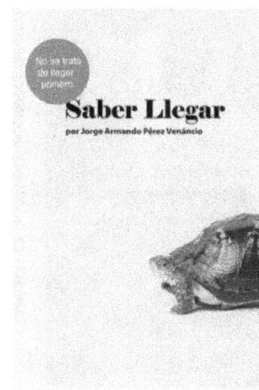

NOW

THE URGENCY AND THE KEY
TO REACH THIS GENERATION
WITH THE MESSAGE OF CHRIST

English

Evangelism and Collaboration

COLLAB ORATION

YOUR
KINGDOM
OR HIS
KINGDOM

COLLABORATION
IOI
for EVANGELISTS

COLLABORATION
IOI
for CHURCHES

9
BASIC
PRINCIPLES of
COLLABORATION
for EVANGELISTS

JA PÉREZ

Festivals and
Celebrations

Together | Collaborate

Festivals and
Celebrations

Together | International
Council

Contacte / siga al autor

Blog personal y redes sociales

japerez.com

@japereznow

facebook.com/japereznow

Asociación JA Pérez

japerez.org

Keen Sight Books

www.ingramcontent.com/pod-product-compliance
Lightning Source LLC
Chambersburg PA
CBHW072054040426
42447CB00012BB/3116